AF275545

LOS VERSOS DE CORDELIA

Hebras de Sílabas

Primera edición en LOS VERSOS DE CORDELIA, noviembre de 2025

Edita: Reino de Cordelia
www.reinodecordelia.es
X ⊙ @reinodecordelia f facebook.com/reinodecordelia
▶ www.youtube.com/c/ReinodeCordelia01

Derechos exclusivos de esta edición en lengua española
© Reino de Cordelia, S.L.
C/Agustín de Betancourt, 25 - 6º pta. 13
28003 Madrid

El papel utilizado para la impresión de este libro, fabricado a partir de madera procedente de bosques
y plantaciones sostenibles, es cien por cien libre de cloro y está calificado como papel reciclable

© José Luis Puerto, 2025

Cubierta: Detalle de *Primera parte del Arte de escrivir todas formas de letras* (1650),
        de Diego Díaz de la Carrera

IBIC: DCF | Thema: DCF
ISBN: 979-13-87599-24-9
Depósito legal: M-22556-2025

Diseño y maquetación: Jesús Egido
Corrección de pruebas: Pepa Rebollo

Imprime: Técnica Digital Press
Impreso en la Unión Europea
Printed in E. U.

Hebras de Sílabas

José Luis Puerto

Índice

mi obra ... debería expresarse por sí misma, en su propio idioma

PAUL KLEE

Jamás la poesía de la tierra se extingue

JOHN KEATS

pero ahora da un nombre a lo que ama

FRIEDRICH HÖLDERLIN

donde hay peligro, crece
lo que salva también

RAINER MARÍA RILKE

El tiempo y sus combinaciones:
los años y los muertos y las sílabas,
cuentos distintos de la misma cuenta.

OCTAVIO PAZ

Lo que está herido en nosotros pide asilo
a las cosas más pequeñas de la tierra y
lo encuentra.

CHRISTIAN BOBIN

ENTRADA

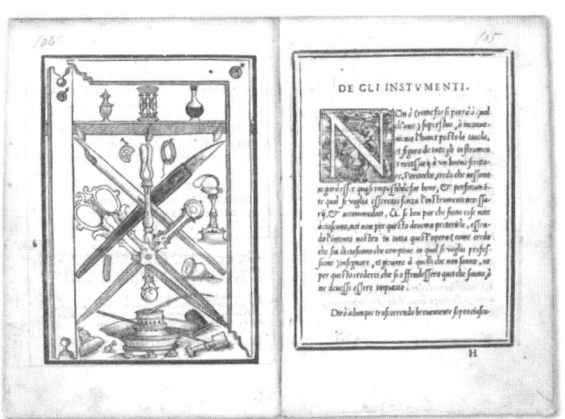

Libro nel qual s'infegna à Scriuere ogni forte lettera, Antica el Moderna, di qualunque natione, con le fue regole, et mifure, et effempli (1548), de Giovanni Battista Palatino.

(*silabear. cantar*)

EL DECIR se nos ha ido convirtiendo en un silabeo, marcado por la atención hacia lo pequeño, la naturaleza, el arte, el mundo, los otros, el misterio de la vida y la muerte..., que nos lleva a verbalizar (y a transfigurar) todo aquello que nos imanta, en una labor de aproximación y de osadía, a un tiempo, minuciosa, atenta y constante, como aquella de las mujeres que, cuando éramos niños, en las tardes soleadas, allí juntas, protegidas por la pared de piedra seca, en el jardín o cortinal, hebra a hebra, de modo, sí, minucioso, atento y constante, iban configurando, en la urdimbre del tiempo, el sentido de su labor, al bordar, al coser, al remendar, al zurcir, al conversar entre ellas...

En un continuo silabeo, hebra a hebra, de forma minuciosa, atenta y constante. Y siempre en busca de sentido, de sentidos, pues, de lo contrario, el uso de la palabra se convertiría en ejercicio baldío y estéril.

El decir poético se nos ha terminado convirtiendo en diario y en cántico, que despierta cuando se nos activa ese sismógrafo emotivo ante lo sentido, percibido, contemplado... Y siempre con palabra que trata de ser sobria, sencilla, limpia, clara... que quisiera estar al alcance de todos...

I

*Arte subtilissima, por la cual se enseña
a escreuir perfectamente* (1533),
de Juan de Icíar.

(*eso*)

Lo QUE sana
Y también lo que salva.
Las vendas del amor.
Lo que apacigua.
Lo que nos da sentido
Y nos lleva y nos lleva y nos impulsa
Hacia el centro sagrado del amor

(*tus ojos*)

ENTRÉGAME tus ojos,
Yo te daré los míos
Porque los ojos son el alma
Que se asoma a la luz
Para volver al centro de sí misma
Y elaborar en su telar secreto
La melodía hermosa de la vida

Yo te daré los míos
Para acceder al alba de tu ser

(*des-*)

DESDECIR, deshablar, desaprender,
Desrecordar, desrealizarse,
Negar lo conseguido,
Desmontar lo logrado,
Negar, negar lo establecido
Y recogerse en el silencio,
En la cuna dichosa del origen,
En el regazo de la madre,
En la heredad de la inocencia

(abre)

Aʙʀᴇ,
Enseña tus señales,
Que el aire de la luz
Penetre en las estancias de tu casa
Para que sea acogedora,
Para que se haga ofrenda,
Dádiva para todos.
Muestra tu claridad,
El vuelo de tu ser
Hacia las melodías del amor

(acudía)

Aᴄᴜᴅíᴀ,
Caminaba descalzo
Hacia el lugar de las ofrendas,
Dejaba allí lo poco
Que podía ofrecer
Y él mismo se ofrecía
Al Dios como señal de gratitud
Por el regalo de su propia vida.
Se ofrecía sin más
Y después descendía hasta el espacio
Gozoso del amor

(*principio*)

En el principio ¿qué?
El silencio no habla,
Mantiene el hermetismo del misterio.
Y llegamos nosotros
Sin saber ni de dónde,
Por qué ni para qué,
Desorientados, solos,
En la intemperie que nos da cobijo

(herida)

Eɴ ʟᴀ herida,
Existir en la herida
Y soportarla.
Y estar ahí
Sin ceder al desánimo
En una entrega que es resurrección,
Afirmación hermosa de la vida

(levedad)

La LEVEDAD de la escritura
Es ala para un vuelo
Interior.
Pero hay que despojarse,
Incluso despojarse de palabras.
Lo que sobra no resta,
Aligera la carga
Si prescindimos de lo innecesario.

Palabra, levedad,
Vibración, resonancia

(roldana)

Rueda de la roldana
Para arrojar la caldereta al pozo
Y recoger el agua de su hondura
Para que suba hasta la luz
Y se despose con la claridad
Y nos revele el mundo.

Realizar esto mismo con el alma

(a lo nuestro)

Lo QUE NOS roban,
Segmentos de la vida del espíritu
Tejidos con palabras.
Y qué más da,
Que se lo queden,
Buen provecho les haga.
Nosotros, a seguir con nuestro empeño,
Siempre desde el afuera,
A lo nuestro,
También a lo de todos

(agua)

Me purifica el agua, me consuela,
Me alivia, me relaja,
Me restablece el ánimo.
Me he sumergido en ella tantas veces
Que le debo por siempre gratitud.
Me purifica el agua, necesito
Su frescor, su caricia,
Su misterio, de nuevo su bautismo,
Porque a través de su materia
Me sumerjo en el cosmos

(busca)

Sigue buscando
Y se pone en juego
En todo lo que aborda
Y nunca pide nada.
Trata de arder
En todo lo que vive
Y por todo da gracias

(podar)

PODAR en el invierno
Toda rama sobrante,
Que respire la copa
Del árbol en el aire y en el cielo,
Desbrozar la maraña
Y dejar lo esencial.
Y surgirán los frutos.
Porque hemos de evitar la desmesura
Para que todo exista

(habla)

Habla,
Pronuncia lo esencial,
Pero en silencio,
En el haz de la página,
También en el envés.
Signos que vibran
En la caligrafía
Gozosa de quien ama

(*montañas*)

Montañas alejadas,
Territorios del mito,
De la vida ancestral,
Animales dormidos
De edades extinguidas…
Nostalgia de otra luz,
De otra edad,
De un fervor extinguido
Que ya no vuelve

(campana)

CAMPANA,
Con su tañido amigo de los aires,
Anuncio hermoso de la claridad.
Un lenguaje cifrado
Se alberga en su silencio
Cuando nadie la toca.
Campana,
Despierta en mí el fervor de la niñez,
La melodía de la claridad,
La inocencia gozosa

(noche)

La noche de van Gogh,
La noche de Novalis,
La noche del que espera la llegada
Del ser al que se quiere.
Noche del navegante,
Noche del que camina
Y noche del que sufre
Y que espera la muerte.
Astros, constelaciones, protegednos
Y sednos guía en esta
Tiniebla en la que estamos

(trae)

LLEGA LA PÁGINA del sufrimiento,
Trae caligrafías muy marcadas,
Nítidas, duras, crueles,
Para no darnos tregua
Y volver, ay, tan hondos
Los surcos del dolor
Con su reja afilada.
Llega,
Llega la página…
A cada uno en su momento

(estancias)

Necesidad de las estancias,
Necesidad de protección
De todo lo que puede ser dañado.
Poner a salvo lo que importa,
Lo que está más expuesto a la intemperie.
Y tener preparadas vendas, gasas
Para la curación, para el alivio.
Y tener preparadas las estancias
Porque nadie se quede
                              sin morada

('*riples*')

Las ondas del verano
Fosilizadas en la piedra
Y en el vaivén nosotros.
Un mundo ya perdido hace milenios
Deja una huella aquí,
En esta ondulación petrificada
Que recogemos mientras caminamos
Por la sierra encrespada.
¿Qué será de nosotros?
¿Cuál será nuestra huella?

(vendrá)

Vendrá el otoño y traerá sus dones,
Se volverá camino
Para acceder sin darnos cuenta
Hasta el reino del frío
Y del recogimiento.
Ah, los estudios nobles de Fray Luis,
El retiro, el silencio,
La vida verdadera.
¿Y dónde están los otros y su luz?
El tiempo nos convida
A existir despojados

2

*Arte subtilissima, por la cual se enseña
a escreuir perfectamente* (1533),
de Juan de Icíar.

(*rumiar*)

LA MANSEDUMBRE de los prados
Esta mañana de noviembre.
Ese pacer atento de las vacas
De modo ensimismado,
Acompasadas por la lentitud,
Para luego rumiar lo que han pacido,
Sin importarles otra cosa.
Ese estar a lo nuestro,
En la contemplación, en la lectura,
En la atención a todo aquello
Que merece la pena,
Para luego pensar
Y sentir lo vivido
Y trascenderlo al existir del alma,

Sin importarnos otra cosa.
Y siempre en la vereda
De la fraternidad

(gota, palabra)

COMO ESA gota, la palabra,
Que se sostiene suspendida
En la rama, tan leve,
Después de que ha escampado,
Como mínimo signo,
Como fulgor de transparencia
Ese instante infinito...
Antes de la caída

(cestillo)

CESTILLO de manzanas
Sobre la mesa pobre,
Ofrecido ¿a quién?
¿Para qué ceremonia?
Los afanes, los frutos
Hallan aquí su cumplimiento.
Pero el tiempo al final
Dictará su sentencia

(lo inalcanzable)

LAS MONTAÑAS, las nieves del invierno
Allá en la lejanía.
Todo lo inalcanzable queda lejos,
Como tu corazón,
Esta mañana de la luz
En que voy de camino
¿Hacia qué incertidumbre?

(hojas)

SIEMPRE ESTÁN en silencio
Las hojas de estos árboles.
Hablan de modo hermoso
Cuando el aire las mueve;
Nos fascinan sus sílabas,
Su rumor nos arrulla.
Pero nunca entendemos su lenguaje,
Nunca lo desciframos.
Nuestra ignorancia es mucha

(*nidos*)

NIDOS EN LAS ALTURAS del invierno
Entre las celosías de las ramas.
¿Cuál es nuestra belleza?
Nuestra entrega ¿cuál es?
Ah, si el decir desembocara
En hacerse al final revelación
Y manifestación
De aquello que buscamos.
Por lo pronto la ofrenda de los nidos
Pudiera ser un signo, una señal
De que es hermoso darse y compartir
La aventura en las ramas
En que todos estamos

(pasos)

CAMINOS en los montes.
Líneas trazadas por los pasos
A través de los días.
Huellas
          De pies descalzos,
De pisadas geométricas,
En la andadura por el tiempo
Que no podemos eludir.
¿Dónde queda el amor?
¿Dónde la melodía del origen?
¿Dónde las ramas altas
De la fraternidad?
Pasos, pasos y pasos de continuo
Hacia un sentido que se nos escapa

(*pardales*)

Y CÓMO picotean,
Entre las arenillas
Del mismo suelo
Moteadas de hierbas y tan ralas,
Buscando unas semillas escondidas
Que, a modo de tesoros,
Sostienen su existir
Tan menudo y escuálido.
No necesitan más.
Tan al contrario que nosotros,
Insaciables, voraces,
Insatisfechos, ay, con todo
Lo que tenemos tan a mano...
Por eso carecemos de ese júbilo

Que poseen sin más
Quienes de la intemperie,
Sin más preocupación, hacen morada

(*no podemos*)

No PODEMOS decir:
Me libraré de lo que me perturba,
De lo que no me atañe,
De los venenos que me mortifican,
De las palabras y obras que me dañan...

Daño, veneno, mortificación
Están ahí,
Los distribuye, ciega,
Una divinidad que no repara
A quién le tocan,
Quién es el agraciado
De tan pesados dones...

No nos queda otra opción
Que estar para la vida,
Que estar para la muerte

(*sin saber*)

Sɪɴ ꜱᴀʙᴇʀ para qué,
Ni cuándo, dónde, ni por qué, ni cómo;
Ni entender el secreto ni el sentido
De todo lo que aquí se manifiesta…
Sin saber nunca nada…

En la ignorancia siempre

3

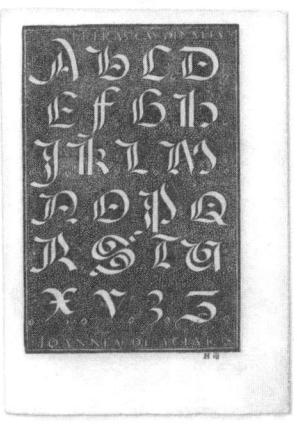

*Arte subtilissima, por la cual se enseña
a escreuir perfectamente* (1533),
de Juan de Icíar.

(espérate)

Espérate, atiende
Lo que aquí te reclama,
Lo que aquí te vincula.
Necesitamos el milagro
Que nos ligue a la luz
Y que nos haga arder
En el tiempo del mundo.
Espérate, no te desprendas
Ahora mismo de todo.
Aún te esperan los días
Junto a los que te aman

(*ahora*)

¿QUÉ TALISMÁN ahora
Podría protegernos
En este adverso trance
En que se desdibuja,
Ay, nuestra melodía?
Y nuestro corazón tiembla por todo
Lo malo que vendrá
Y no sabemos si soportaremos,
Si seremos capaces de hacer frente
Al trago amargo que se nos envía.
De ahí la invocación
A través de estas sílabas
Para que surja un talismán, un cerco

De protección que nos ayude
A soportar estos embates
Que ahora nos trae la vida

(quedaría)

QUEDARÍA el fulgor
De los días antiguos,
La melodía de la luz,
La memoria invisible
De lo que hemos vivido
Bajo el signo logrado del amor.
Quedaría la huella
De todas las andanzas
Que juntos abordamos
Mientras dado nos fuera caminar
Por los bosques del tiempo.
Quedaría también la resonancia
De algún latido nuestro

Temblando en las regiones
Más lejanas del cosmos.

Quedaría...

Porque existimos en la pérdida.
Nada consolidamos

(acorde a acorde)

En la mañana de la lluvia,
La pequeña oración.
Cada gota, una letra;
Cada sílaba, una
Pequeña agrupación,
Hasta formar el enunciado
Que da sentido al mundo,
Que nos expresa y nos otorga
Realidad, consistencia.
Oración de la lluvia
Para otorgar más vida a lo que existe,
Para fundar la melodía
Que nos sostiene y canta,
Sílaba a sílaba,

Acorde a acorde,
Partes de esa armonía
A que pertenecemos

(*retrocedemos*)

RETROCEDEMOS.
Nos llevan a lo oscuro
Y nos niegan la luz,
Ay, que nos pertenece.
Y tratan de apagarla,
De que cese el fulgor
Que siempre nos orienta.
Resistir en la luz
Será nuestra tarea en este tiempo
Y atizar esas brasas luminosas
De sílabas que arden
En medio de lo oscuro,
Para que sean talismán
Frente a cualquier barbarie,

Con la caligrafía fraternal
Que recoge en sus trazos
El existir de todos

(*invitación*)

Desde este apartamiento
Y desde esta derrota,
Desde esta altura de la edad
En la que todo se nos desmorona,
Contemplo el mundo
Y sigo percibiendo
Ese fulgor hermoso
Que me invita a vivir:
Las yemas de los árboles
A punto de ser júbilo
Y los nidos recién
Estrenados, prendidos en las copas
En este tiempo de germinación
Para alumbrar muy pronto nuevas alas

Que surcarán los aires en la luz
Para llegar a ser celebración
Esos vuelos tan altos...

Desde este apartamiento,
Desde las ruinas ya de mi existir,
Contemplo este fulgor
Que me invita de nuevo
A celebrar la vida

(como olvidar)

COMO OLVIDAR los números,
Como olvidar la magia
De las caligrafías escolares;
Como olvidar los juegos en la plaza;
Como olvidar la lluvia
Con la mirada triste contemplándola
Tras del cristal del mundo;
Como olvidar los seres que me amaron
Y las flores hermosas del afecto
Que germinaran en nuestro jardín;
Como olvidar las cántaras de barro
Que de niños llenáramos
En las fuentes gozosas
Que entonaran los himnos con las sílabas

De su claro fluir;
Como olvidar la magia de la luz
Y su hechizo constante...

Como olvidar las sílabas,
Nuestro pequeño mundo;
Como olvidar que el existir
Que nos fue concedido,
Ay, mereció la pena

(*promesas de la luz*)

Y VUELVE abril
Y las promesas de la luz
Ensanchan los regueros de la sangre,
El aire se nos vuelve más propicio
Pues va de unos a otros
Para que respiremos
Todos con el fulgor
Que a todos pertenece
Como aliento del mundo,
Como expandida claridad
Que llega a todos y nos purifica.
Y vuelve abril,
Las flores lo proclaman,
Los trinos de los pájaros gozosos,

La comunión que nos regala el aire
Y esa fraternidad
Que a nuestro alcance siempre
Quisiera ser emblema
Y melodía de resurrección

(celeste aura)

Cómo nos purifica
Esta lluvia de abril en la mañana,
Con esta mansedumbre
Celeste que nos trae.
Y, sin pedirnos nada
A cambio, nos ofrece
El ungüento apacible que nos moja
Y nos inviste de celeste aura.
Cómo nos purifica
Esta lluvia de abril,
Como la luz que la acompaña
Y desciende con ella para darnos
Identidad celeste y misteriosa

(*participar*)

En no pocos momentos
Lo que perdemos es lo que ganamos.
Pues nos volvemos esenciales
Y despojados, verdaderos,
Cuando solo nos queda
La portentosa potestad
De respirar y de latir,
De caminar,
De contemplar el mundo,
De estrechar nuestra mano
Con el latido de los otros,
Con esa melodía
Que fluye por los seres y se expande.
Lo que perdemos es lo que ganamos,

Pues la acumulación
Nos embota las bóvedas del alma.
Nada necesitamos,
Solo participar
En esa melodía que nos liga
Con el rumor dichoso de los otros

(vuelven las alamedas)

VUELVEN las alamedas
Con el estreno verde de sus hojas
Surgidas tras la muerte del invierno
Y con la ofrenda de sus flores,
Racimos blancos como cálices
Dirigidos al mundo de la luz.
Vuelven las alamedas.
Ofrezcamos lo nuestro más hermoso,
Los días, los afanes y la dicha
Que a cada uno pertenecen.
Abramos nuestras manos
Y dirijámoslas a los latidos
Que nos esperan de los otros,
Al corazón de la fraternidad,

A la tarea hermosa
De edificar el mundo.
Vuelven las alamedas.
Proclamemos la vida de las ramas,
Los nidos de los pájaros,
La granazón de las semillas,
Proclamemos la vida de la luz
En la que todos, sí, nos sostenemos
Y en la que está fundada
Esa vinculación que nos afianza
Y nos hace más dignos,
Cuando buscamos lo que le debemos
Al fulgor de los otros.
Ofrezcamos, cantemos, proclamemos...
Vuelven las alamedas

(en ella estamos)

CUANDO tenga que ser,
Cuando el destino dicte la sentencia.
Pero dará lo mismo.
La vida hoy nos pertenece,
Participamos de su melodía
Y en ella estamos, como notas
De un melisma que hechiza, que convierte
El existir en corazón,
En afecto, en entrega,
En entusiasmo y todo lo que aspira
A la gracia y al don.
Dará lo mismo. Somos cumplimiento,
Participamos en la melodía
Del existir, con los demás.
Y lo que hemos vibrado con el cosmos
Dejará para siempre resonancias

(atravieso)

ATRAVIESA las puertas de los días,
Me encuentro con los otros,
Su fulgor me acompaña,
Como también el de la luz
Que nos bendice a todos,
Que nos imanta con su claridad.
Atravieso las puertas, los espacios,
Los umbrales del tiempo.
La rama de oro de la claridad
Me guía por las sendas
Abiertas del sentido.
No me extravío, no.
Me purifica siempre
La palabra encendida
De la fraternidad

(un ramo de fulgor)

Estos días los pájaros
Con esa algarabía ¿qué nos traen?
Parecería la celebración
Del cenit de la luz
Que gana toda la extensión del día
Para alcanzar la meta del solsticio.
Y esa luz nos exalta,
Nos lleva a la alegría,
A entregar nuestras manos
A esa labor común junto a los otros,
A ese tejido de la melodía
De la fraternidad.
Estos días los pájaros
En esa algarabía de la luz,
Con sus trinos gozosos y tan claros,

Nos traen la alegría como ofrenda
Y un ramo de fulgor
Que se resuelve en cántico

(hagamos nuestro el mundo)

PARA QUÉ MELODÍA de las manos
Este pequeño libro
Que se encuentra en la mesa ante nosotros
Y espera ser leído y disfrutado
Y también comprendida su belleza
Para ensanchar el mundo.
Porque todo se cifra en unas sílabas
Que contienen lo hermoso conseguido
Y lo transmiten en silencio
Desde la luz abierta de la página
Destinada a los ojos
Para acceder a la conciencia,
Para llegar al corazón
E iluminar nuestro existir precario

Y convertirlo en esa melodía
Que nos lleva al sentido y a la gracia.
Sobre la mesa el libro nos espera,
Desentrañemos el fulgor
Que contienen sus sílabas
Y hagamos nuestro el mundo

(y qué más da)

CASI NADIE hace caso.
Y qué más da.
La melodía sigue ahí,
Intacta, indestructible,
Para quien quiera
Seguir la senda de los buscadores,
Seguir la senda de los entregados
Y caminar tras del prodigio.
La melodía sigue ahí
Con el don armonioso de sus sílabas,
Con la cifra escondida
De la fraternidad,
Para el que busca,

Para el que se pone
En juego y trata de vivir conforme
A los ritmos del cosmos

2

Muchos se desentienden.
Y qué más da.
La melodía de los buscadores
Es la que yo persigo,
Esa que está en la gente humilde,
En quienes nunca cuentan para nada,
Es la que yo persigo.
Pese a que no se escuche
Donde el poder celebra sus rituales,
Pese a que no se tenga en cuenta nunca,
La de los pobres de la tierra,
Esa que no se escucha.

Porque el alma del mundo
Es la aventura más hermosa

De que formamos parte.
Qué importa lo demás.

Ese rumor de los humildes
Es el que yo persigo

(*debajo de la encina*)

Para María, Ana y Pablo. Por todas aquellas
veces que descansamos en el viaje bajo aquella
encina a las afueras de Escurial de la Sierra.

PORQUE siempre estaréis
Debajo de la encina
Todos juntos. Su espacio protector
Os dará su cobijo,
Pues sus ramas semejan
La bóveda del cosmos.
Allí estaréis debajo todos juntos,
Allí estarán los días
Dichosos que vivisteis,
Marcados por la luz, por el amor,
Y salvados del tiempo para siempre.
Y no faltáis ninguno
De esa resurrección de la memoria,
Porque todos estáis

Y todos estaréis
Reunidos bajo el árbol del misterio,
Porque todo lo hermoso que vivisteis
Se encuentra preservado
Por siempre del olvido y de la muerte

(geoda)

EN LA BELLEZA recogida,
En el fulgor de los adentros,
En esa melodía
Que el silencio protege,
En las estancias del misterio
Y de la claridad,
En el cuenco, en la celda, en el refugio,
En la alcoba, en el claustro,
En los adentros, siempre en los adentros

(sala de espera de hospital)

Hay un temblor que no se advierte
En quienes se hallan ahora aquí,
Pero que está presente
Y vive agazapado,
También acaso angustia
Y hasta miedo en algunos.
Se percibe una atmósfera
De inquietud silenciosa y sosegada.
Y hay un filo invisible
Que separa la vida de la muerte
Y al tiempo las conecta.
Una pantalla va lanzando códigos
Para llamar a cada uno
A su análisis clínico.

Una cartografía
Del existir trazamos aquí todos.
Ignoramos la suerte de los otros,
Esos que están sentados por azar
Junto a nosotros esperando
Su turno y a los que
Acaso no veamos nunca más.
El gran teatro del mundo
No se interrumpe nunca

(vivir en la aventura)

AHORA que percibimos
Cómo la luz desciende
Hasta el encuentro del solsticio
A la búsqueda ciega del invierno,
Para volver a renacer;
Ahora que todo vuelve a transitar
Por el carril monótono del tiempo
Y los días adquieren esa pátina
Que otorga el gris a lo que se reitera;
Ahora que nos tenemos que entregar
De nuevo a la labor
Que nos conforma y que nos da sentido;
Hagámoslo con decisión, con alma,
Como si fuera la primera vez

Que damos lo que somos a la vida,
Ya que tanto nos da,
Ya que nos acompaña paso a paso
En nuestro transcurrir;
Pues así nos salvamos
Y adquirimos valor
Para nosotros mismos
Y para los demás.
Y solo así podemos ofrecernos
En el ara del mundo.
Porque el vivir
Es la aventura más hermosa
Que nos ha sido dada

(la palabra)

Hᴀsᴛᴀ ǫᴜᴇ la palabra
Se haga grano, semilla
Y otras manos la siembren
En terreno abonado,
En el del corazón,
Que es donde más acogimiento tiene,
Donde más fructifica,
Y que vaya, incesante,
De unas manos a otras
Y que pase por todos
Puesto que a todos pertenece,
La palabra común,
La palabra de todos,
Aquella que amasamos

Para volverla pan,
Alimento de todos,
Tras cocerla en el horno
De la fraternidad

(y volvemos)

Y VOLVEMOS AL REINO de los grises,
De los matices infinitos,
De tantas prodigiosas melodías
Como se expanden por los cielos.
Y volvemos de nuevo
A la llamada de la luz,
Que en este día en que amenaza lluvia
Nos regala esos grises tan hermosos,
Con tantas gradaciones
En la escala cromática del mundo,
Para que nuestros ojos,
Al levantar al cielo la mirada,
Hallen consuelo, dicha,
Espacios apacibles
Que nos serenen,
                        que nos salven

(*hojas*)

Hojas caídas, hojas
En las que escribe el tiempo su transcurso
Con su caligrafía
De luces y de sombras,
Con trazos invisibles
Pues nunca desciframos sus mensajes.

Hojas caídas, hojas
Marcadas por las noches y los días,
Por el nacer gozoso hacia la luz,
Por esa vibración y ese temblor
Cuando el aire las mueve y las sacude,
Sonajeros sonoros de algún dios
Cuyos sonidos llegan hasta el alma;

Y ahora por la caída
Cuando el otoño dicta la sentencia
Y los fríos actúan como heraldos
De la muerte y la desaparición.

Hojas caídas, hojas...
Como nosotros, ay, como nosotros

(*los caminos abiertos*)

Y cómo necesito
Los caminos abiertos,
La perspectiva de la luz,
La melodía de los otros,
El telar incesante
De la fraternidad,
Que nos afirma y que nos da sentido.
Melodía, telar, caminos, luz...,
Hilos de un cosmos que nos purifica.
Tejido, protección,
Ofrenda, cántico...
Para salvarnos, para
Invocar la presencia
De lo que más importa:

El amor, la palabra que nos sane
O apacigüe la herida
Que sigue abierta desde que llegáramos
Al mundo sin haberlo decidido...

Y cómo necesito
Los caminos abiertos

(pertenezco)

para Álex Grijelmo

PERTENEZCO a una lengua
Que conoce las sílabas del canto,
Que deletrea el universo,
Que nos vincula con lo más hermoso,
Con esa melodía
De la fraternidad
Que nos hace entender la dimensión
Más honda de los otros.

Pertenezco a una lengua
Pronunciada por tantos corazones
Que late en cada sílaba el fulgor
De la matriz del mundo.
Y, al pronunciar, me vuelvo más humano,

Me dignifico y me vinculo
Con el sentir de todos los que expresan
La melodía de la vida
Con los mismos sonidos y palabras
Con los que yo pronuncio lo que amo.
Pertenezco a una lengua que se expande,
Que deletrea el universo,
Que nos hace vibrar cuando decimos
Y cuando recreamos
La realidad y el sueño,
La intimidad y el mundo,
La eternidad y el tiempo…

Pertenezco a una lengua
Que me otorga el sentido
Para existir con los demás, con todos

(flor del saúco)

La música estrellada
De la flor del saúco
Este final de mayo
Me trae los aromas
De la memoria antigua:
Vahos de la pobreza
Contra la enfermedad
Y las estrellas de las flores
Constelándose dentro,
En los pulmones rítmicos,
Las geometrías de la sanación
Para seguir sobreviviendo, ay.
Y ahora, cuando contemplo,
En el final de mayo,

Las flores del saúco,
Sé que pertenecemos
Al hálito del mundo,
Que de él formamos parte.
Y me apacigua esta blancura
Aromática, rítmica,
Porque la identifico
Y conozco el fulgor de sus señales

(algarabía)

Algarabía hermosa de los pájaros
Llamados por la luz y por la altura
En torno de la torre.
Cómo ovillan y ovillan
Con hilos invisibles en sus vuelos
Esa madeja de los días,
Esa hilatura destinada
A un telar que ignoramos
En qué lugar se encuentra.
Vencejos, aviones, golondrinas
Cómo se entregan a sus vuelos
Desde el primer momento de la luz.
Ay, si nosotros así hiciéramos,
Cómo nos rendiría el ejercicio

De esa celebración tan laboriosa
De entregarnos al mundo
Sin pedir nunca nada

(*deriva*)

La DERIVA del río hacia el océano
No se percibe aquí,
En este nacimiento,
Donde todo es minúsculo,
Apenas una fuente
Cuyas aguas aún dudan
Qué dirección tomar,
Pese a que hay un destino
Trazado por la tierra
Que las impulsa en una dirección.
Como nosotros, tan dubitativos,
Tan expuestos a todo lo exterior,
Sin apenas defensa,
Protección, parapeto,

A la intemperie expuestos, a los aires
Que nos arrastran a cualquier lugar
Sin que podamos evitarlo

(*ailanto*)

Esa DELICADEZA del ailanto
Con el verde pautado de sus hojas,
Con ese cinetismo
Del juego de las líneas
Que todas ellas trazan,
Para eludir monotonías,
Para hechizar nuestra contemplación
Y fijarla en sus flores que estos días
Con su color de teja tan hermoso
—Ese rojizo humilde
Como de pimentón,
Que la luz vuelve claro—
Dialoga con el verde
En un contraste antiguo...

Esa delicadeza del ailanto,
Ahí, junto al camino
Por el que tú transitas,
Qué dichoso regalo esta mañana,
Para que sigas en camino
En pos de un sueño antiguo, luminoso,
Que sigue vivo en ti

(la luz que reverbera)

V<small>IBRA LA LUZ</small> de agosto
En el cauce del río.
Las aguas se iluminan, reverberan,
Y sus puntos de luz
Hechizan nuestros ojos.
Las hileras de alisos
Flanquean el pausado transcurrir
Y la brisa despierta
El rumor de sus ramas
Que parece acunar
El sueño de unas aguas que transitan
Hacia el misterio del océano.
Bendita plenitud la de este instante,
Tan fugaz, tan eterno,

Pues la memoria habrá de reiterarlo
Como fiel talismán y protección
Cuando nos sea necesario

(noche de invierno)

Noche de invierno.
La melodía de la retracción
Que se vuelve silencio, retirada,
Recogimiento en la matriz del mundo.
Y las estrellas en lo alto
Son parte de un misterio,
Ay, que se nos escapa.
Se vuelve geometría
El frío en los cristales de la helada.
Y nosotros aquí,
En esta hondura, sin abrigo alguno,
En este desamparo, sin cobijo,
Dentro de un universo tan hermoso,
Cuya grandeza nos excede,

Cuyo sentido no entendemos,
Entregados al tiempo,
A la vida, al amor,
Con la amenaza siempre de la muerte

(cómo nos distraemos)

Cómo nos distraemos.
Cómo nos apartamos
De lo que más importa.
Nos vaciamos de la luz
Y la apagamos en nosotros.
Nos sumergimos en la oscuridad
Y nos desfiguramos
Y nos volvemos intratables.
Cómo nos distraemos,
Como nos alejamos
De lo que más importa.
Ay…

4

*Arte subtilissima, por la cual se enseña
a escreuir perfectamente* (1533),
de Juan de Icíar.

(y nadie sabe)

Y NADIE sabe.
Pues lo ignoramos todo.
Nunca podremos orientarnos
Hacia el camino del conocimiento,
Hacia esa melodía
Que en silencio nos salva.
Solo podemos ofrecernos
Al mundo, a los demás,
Para dotarnos de sentido.
Y existir en la espera
De algún Godot
Que nunca da señales
Y del que no sabemos nada

(sin comprender)

ALBERGO una oración
Para cada momento,
Existo en el fulgor de la plegaria,
Me protege la súplica.
¿Qué más puedo pedir?
En la precariedad
En que existimos hoy,
Acaso la palabra nos ayude
A acceder a los otros,
Es súplica y ofrenda,
Vinculación, conocimiento,
Melodía y susurro
Para acercarnos al temblor
De ese misterio en el que estamos

Sin comprender ninguno su sentido.
Vuelan los pájaros,
La luz los acompaña,
Como a nosotros la palabra, cuando
Se vuelve melodía
Que nos protege y sana

(aceptación)

Cuando TODO se cumple,
Qué hermoso el mundo.
Esa hoja que cae
Amarilla en otoño.
Como el pardal que picotea
Las migas del banquete,
Una vez sacudidos
Los manteles con todo lo sobrante.
O como el agua que transcurre
Por su cauce trazado,
Sin preguntarse nada,
Entonando sin tregua
El murmullo inconsciente de su canto...

Qué hermoso el mundo
Cuando todo se cumple,
Aunque no comprendamos su sentido

(*nos moja*)

Nos ACOMPAÑA hoy la lluvia
Que zarandea el viento,
Como a nosotros
Y a estas hojas que vuelan en caída
Y a las que nadie ya levantará.
No habrá resurrección
Para aquello que existe
En la línea del tiempo.
Las ráfagas de lluvia
Sacramental nos mojan
Sin dar ninguna tregua a lo que somos.
Si vamos a la muerte
¿Qué podemos pedir?
Nos sobra incluso aquello

Que tenemos ahí a nuestro alcance
Y que ahí quedará
En cuanto nos vayamos.
Pues venimos desnudos
Y nos vamos desnudos.
Nada necesitamos.
Solo esta lluvia bautismal que hoy
Con su rigor nos moja
Como señal benévola del cielo

(*cómo van*)

Cómo van a la muerte
Los oros que el otoño
Nos ofrece en las copas de los árboles.
Y qué consoladora
Es esta luz solar que en la mañana
Nos acoge y orienta
Nuestra andadura por el tiempo.
Hay un fulgor aquí.
Solo dura el instante
En que lo contemplamos;
Pero cómo apacigua el corazón,
Cómo lo sana,
Pese a que todo lo que somos
Se encuentre destinado a la caída

(*trazar unas palabras*)

TRAZAR unas palabras
Sobre el tique de compra,
Para llegar a dónde,
A qué melancolía,
A qué ser cuyo cuerpo
Se fundiera conmigo
En un abrazo de fraternidad...
La mañana de inicios
Del año abre sus puertas
Para que todos transitemos
Por los interminables
Caminos hacia qué
Destinos y llegadas...
El pardal que se posa en el alero,

Al cobijo del sol, nada pregunta.
Ah, si viviéramos tan solo
Y nada preguntáramos,
Más cercanos al ser
Que a cualquier convención que nos ahoga...
El pardal sigue ahí,
El sol le da sustento a su inocencia.
Ah, si bastaran las palabras
Que en el tique de compra esta mañana
Garabateo con sus signos,
Y no me preguntara nada más...
Cómo me sostendrían en la luz,
Cómo me salvarían
De las incertidumbres de este tiempo

(y ser ofrenda)

Epifanía de montañas blancas
La mañana de enero
Y este consuelo de la luz
Que nos disipa las incertidumbres
Pese a que no podamos
Conjurar todo aquello,
Ay, que nos amenaza.
Mas la blancura de la nieve
Con la línea que traza allá hacia el norte
En sucesión de cordilleras
Nos serena y también nos apacigua.

Cuánto necesitamos
La protección dichosa de la luz,

La línea blanca de las cordilleras,
La claridad, la melodía
Que alberga el aire con su transparencia,
Como conjuro, como protección
Frente a todo lo que nos amenaza,
Porque necesitamos
Existir en la luz
Y ser ofrenda y melodía y canto

(*cuando*)

CUANDO sentimos,
              cuando pronunciamos,
Cuando tememos,
              cuando amamos,
Cuando salimos,
              cuando entramos,
Cuando poseemos,
              cuando damos,
Cuando venimos,
              cuando vamos,
Cuando intuimos,
              cuando razonamos,
Cuando queremos,
              cuando abrazamos,

Cuando decimos,

        cuando callamos,

Cuando dormimos,

        cuando despertamos,

Cuando pedimos,

        cuando rezamos,

Cuando aprendemos,

        cuando soñamos,

Cuando somos,

        cuando estamos...

Todo, todo es inútil,

        si no nos entregamos

(vuelve)

Vuelve el almendro protector
En esta primavera
A dar señales
Y sus primeras flores,
Con la amenaza de posibles fríos,
Son, con su valentía,
Presagios de lo hermoso que vendrá,
De un nuevo tiempo, de un nuevo fulgor
Que merecemos,
Pues la vida de todos
Solo se vuelve cumplimiento
En el encuentro con la luz,
Como lo hacen las flores del almendro,
Pese al posible hachazo de los fríos,
Frente a tanta amenaza,
Frente a tanta amenaza

(el círculo de nieve)

EL CÍRCULO de nieve en la glorieta
Sobre el lecho del verde
Resucita lo blanco.
Cuánta resurrección
Necesitamos todos,
Porque vivimos en la oscuridad,
Huérfanos de la luz,
Y ese círculo blanco que la alberga
Termina siendo cifra
De lo que carecemos,
De aquello que perdimos
Y más necesitamos.
El círculo de nieve,
El círculo de luz,

Ese corro dichoso
De la fraternidad,
En el que todos compartimos
La melodía más clara del mundo,
También la más hermosa,
Porque solo en la luz,
Ay, nos dignificamos

(oficina del dolor)

Una mañana más,

                    Aquí,
A esta oficina del dolor,
Acompañando a quien queremos.
Un paso más en esta incertidumbre.
¿Qué salida nos queda?
¿Todo se halla cerrado?
Ahora, la luz del alba,
Que va ocupando el territorio, anuncia
La posibilidad de la alegría,
De la entrega callada a los quehaceres
Que cada uno aborda en su existir.
¿No nos entregaremos
También nosotros a la melodía

Del laborar de todos,
Pese a la incertidumbre,
Pese a la enfermedad y la amenaza
Que siempre trae el tiempo
Como heraldo callado de la muerte?

(*lección*)

Suena 'maná'. La catedral al fondo,
Allá en la lejanía,
Como faro de luz.
El sol dora sus torres
Y les otorga la sustancia
De la miel como huella
Que llega a nuestros ojos.
Desarrolla el solista,
También los instrumentos,
El devenir de la canción
Con una suavidad que nos bendice.
Toman los estudiantes
Su desayuno, su café, sus bollos,
Antes de recibir de sus maestros

Las lecciones, las cifras
De la sabiduría.
La catedral al fondo,
Tras los cristales de la cafetería,
Orienta la mirada.
La mañana transcurre,
También la melodía de 'maná'.
Todo parece bendición,
El mundo nos espera.
¿Dónde están los maestros
Que enseñen la lección aún no aprendida?

(devastación)

Hemos llegado
A esta devastación
Y no se va a ninguna parte,
A paraíso alguno.
¿Esta era la propuesta,
Ay, que nos ofrecían?
¿Quién nos trajo hasta aquí?
¿Por qué hemos sido víctimas
De un engaño tan grande?
No se barrunta al Dios,
Tampoco hay esperanza,
Solo la melodía silenciosa
De la nada

(trinos)

Estos PARDALES jubilosos
Viven en la inconsciencia.
Qué fulgor
Esos trinos de marzo
Articulados en las ramas
De un manzano ya a punto
De florecer.
Todo convoca a una ebriedad
De la que no participamos,
Como expulsados, ay, de un paraíso
Perdido para siempre

(en esa encrucijada)

No poseemos.
Solo existimos en la errancia
Y en la orfandad.
Y siempre en despedida
—Como dijera Rilke—.
Y esa desprotección en la que estamos
Es la que nos define.
¿Y qué nos santifica?
¿Dónde se halla el fulgor
Del que dicen que estamos investidos?
¿Dónde la melodía que nos salva?
Nada sabemos, todo lo ignoramos
Y así hemos de seguir,
Desorientados, huérfanos,

En esa encrucijada
A la que nunca llegan las señales
Que nos pudieran orientar

(cómo me pierdo)

Cómo me pierdo
Y cómo me refugio
En tantas lejanías,
En esos territorios
Que me permitan ser
Porque expulsan de sí todo lo inhóspito,
Todo lo adverso que nos toca
Soportar donde estamos.
Mas ¿cuál es mi aventura?
¿De qué estoy investido?
¿Qué melodía se interpreta
Cuando desaparezco,
Cuando me pierdo por las lejanías?

Siempre he esperado al ángel que me ayude
A soportar la adversidad.

Tantas veces no acude...

(amaestrar la noche)

Cómo podría yo
Amaestrar la noche,
Conducir a los ciervos
A las praderas altas,
Inventariar las Tres Marías
En la cartografía de los sueños.
Cómo podría yo
Pronunciar en silencio las palabras
Más hermosas, al tiempo
Que acaricio la luz de tu existir:

Te quiero

(melodía de pétalos)

QUE DE NUEVO el cerezo
Comienza su aventura
Un año más,
Con ese ofrecimiento de las flores
Como brasas de luz,
Con esa melodía
De un blanco que es de seda
Y se hace huella diminuta
En cada uno de sus pétalos.

¿Cuál es nuestro fulgor?
¿En qué aventura estamos?
¿Qué floración nos pertenece?

El aire disemina
A voleo los pétalos
En una lluvia hermosa
Ofrecida a nosotros

(celebración de la mañana)

DIBUJA EL SOL las copas
Desnudas de estos árboles
En la ondulada lámina de cinc
Que es muro de edificio,
Como una invitación a celebrar
El día y sus afanes.
Dichosos los que salen al trabajo
A transmitirnos lo mejor de sí,
A tejer con su esfuerzo
El melodioso corazón del mundo
Que sostiene la vida
De todos y por todos,
En un latido cósmico
Que es participación

En el que cada uno
Aporta lo mejor de su alegría
Al tiempo que se da
Y que recibe el soplo de la gracia

(si todo se me da)

Sɪ ᴛᴏᴅᴏ se me da
¿Por qué no entrego
Algo de mí,
Algo de lo que soy
Al murmullo del mundo?

Podría, por ejemplo,
Ofrecer las labores de mis manos
Que tejen, siembran, labran
En el jardín hermoso de las sílabas,
A partir de un lenguaje recibido
Que convertimos en canción,
En himno o en lamento
Y que deja una huella de nosotros,
De nuestro paso por el mundo.

Y, en el fulgor solar de esta mañana,
Qué delicioso es existir
Y disponer de los sentidos,
Que han de estar afinados por el alma,
Para captar la maravilla
Que a cada instante el mundo nos regala.

Mas si no compartimos nada somos

(mata de tulipanes amarillos)

Tulipanes en círculo ofrecidos
Al misterio del mundo,
A ese dios del lugar
Que se halla en todo lo que amamos,
En lo que está más próximo,
En el mundo más íntimo,
Ese espacio interior,
Ay, que nos pertenece.
Y, en este ofrecimiento
Circular y amarillo de estas flores,
En este ofrecimiento
Solar, es a la luz
A la que reclamamos
Que nos sirva de guía
En este tiempo incierto

Que nos toca vivir.
Se abren los tulipanes
A la caricia de los rayos
Del sol que intensifica sus fulgores.
Nosotros a la luz
Tendríamos que abrir
Nuestros más hondos pétalos
Y que la claridad
Los tintara de gracia

(en el lugar antiguo)

EN EL LUGAR antiguo
De la celebración.
Allí la ermita y el ciprés ascético
Sobre la loma
Y el valle dilatado hacia los montes
Del fondo, allá a lo lejos,
Como paisaje contemplado.

¿Dónde fueron aquellos
Que ya desde el origen celebraran
El estar en el mundo,
El entregarse a la procreación,
A las labores necesarias
Para legarnos esa melodía

Que pertenece a todos
Y de la que también formamos parte?

La luz que inviste hoy
De claridad la ermita
Tiene el mismo misterio,
La misma transparencia
Que la de aquellos días del origen,
Que habremos heredado y que llevamos
Aun sin saberlo en nuestra sangre.

Un silencio solar
Otorga tanta paz a este recinto
Sagrado desde antiguo
Que también nos impregna
Hasta purificarnos

(*llega el momento*)

Llega el momento del jazmín,
El momento embriagante del aroma.
Llega el momento de la luz,
Ese momento alto
En que se manifiesta lo que amamos,
Lo que más nos importa,
Lo que nos da sentido y nos afirma.
Llega el momento del amor,
Ese que nos acerca al paraíso,
Ese que nos afianza
Y que nos pone en comunión
Con todo lo creado.
Llega el momento,
                    No lo desperdicies,

Estate atento, viene
Y nunca avisa, se presenta
Sin esperarlo siempre.
Vivamos en espera
De ese momento que nos salva

(*rosa amarilla*)

UNA ROSA AMARILLA en este invierno
Para ti,
Para el lugar en que viviste,
Para la escuela en que enseñaste
Las sílabas de amor
A los niños gozosos de Las Hurdes
Que ascendían por el monte
Hasta aquellos pupitres de madera
Donde sentados entonaban
Salmodias aritméticas,
Sílabas que hechizaban
De fulgor aquel mundo
Ya desaparecido.
Hoy esta rosa que traemos

Para depositar
En una escuela en ruinas
En la que te entregaste
A las vidas precarias de los otros
Es nuestra gratitud a tu existencia.

La belleza fugaz del amarillo
Y la huella invisible de la entrega

(*mis padres duermen*)

Mᴵˢ ᴘᴀᴅʀᴇꜱ duermen.
Sus cuerpos transparentes
Parecen invisibles.
Viven en el abrazo
Que me trajo a este mundo.
Esa es su eternidad.
¿Dónde está su materia?
¿Acaso es la que llevo yo conmigo?
¿O habita en algún cosmos
Que nos resulta indescifrable?
Qué dulce su actitud y qué serena.
Es la figura de la aceptación
Lo que percibo en ellos.
El reino de lo blanco es su morada,

La transparencia del amor.
Los contemplo gozoso y en silencio.
Su existir entregado
Es toda mi fortuna

(*no necesitas nada*)

Aма. Pronuncia. Expresa
Lo que en tu corazón se va tejiendo.
Y busca la palabra
Que lleve a los dominios
De la fraternidad.
Y nada esperes.
Lo necesario
Lo tienes ya contigo.
No necesitas nada.
Tan solo el día
Y la noche y la luz
Y ese cauce del agua
Que te entona su música
Cuando pasas por él

Y el abrazo entregado de los otros.
¿Qué más puedes pedir?

Ama. Pronuncia. Expresa
La melodía más clara del mundo

(modo de amor)

Para María siempre

Cuando existo contigo.

Cuando existo contigo,
El mundo magnifica
Sus dimensiones,
Todo se hace más grande y más pequeño,
Todo se hace más íntimo,
Todo adquiere las pautas de la dicha,
Todo, la dimensión
Del prodigio, del canto, de la luz
Y todo se realiza
El modo más hermoso...

Pues de nada carezco
Cuando existo contigo.
Pues todo me es dichoso
Cuando existo contigo

(pasará)

ESTE MOMENTO pasará,
Esta luz de la tarde,
Esta atmósfera plena,
Las copas de los árboles
Tal como las percibe la mirada...
Pero qué eternidad este momento,
Parece desposado,
Sí, con la permanencia.
Y parece que nada
Transcurre, pero, ay,
La guadaña del tiempo
Siega las hierbas altas
De todos los instantes.

Pero esto somos. Aceptemos
Este pasar de fotogramas
De instantes plenos
Que un invisible mago nos sustrae

(*busca siempre*)

Para Luis Óscar Velayos Zurdo

Busca SIEMPRE las vías más humildes,
Las vías secundarias,
Y vete poco a poco,
Sin molestar a nadie,
Por tu camino, por tu senda,
Sin tener miedo a nada;
Lleva tu ritmo paso a paso,
Sin que te abrume el ritmo de los otros.
Sigue tu melodía.
Existir ya es un logro,
No necesitas más.
Tiende tu mano siempre
A quien lo necesite
E irradia tu fulgor,

No te lo guardes nunca para ti.
Comparte, vive, siente,
Que vibre en ti el temblor del universo
Y el latido gozoso de los otros.

Existir es un don
Del que tú participas

(*ese prodigio*)

EL PRODIGIO pequeño
De la hoja del árbol,
Como tú,
Vida breve y efímera,
Expuesta a la caída y a los aires,
A todos los vaivenes,
Pero vida hasta el fin, con su fulgor,
Con su temblor también, con su belleza,
Participando de ese todo
Que es la copa del árbol,
Su tronco, sus raíces,
Como cosmos total,
La conexión del cielo y de la tierra
Que necesita todo para ser.

Como tú,
Que necesitas todo,
Con tu fragilidad y con tu ser
Que tiembla y vibra y late
Y respira y palpita
Y ofrece todo de su ser pequeño,
En esa comunión, en esa ósmosis
Tan necesarias para que la vida
Tenga su cumplimiento

(*arde*)

ARDE
Y nada pidas,
Existe en la intemperie,
Sé fulgor,
Despéjate de todo lo accesorio
Y sé fiel a ti mismo.
Participa del rimo
Del mundo, en el que estás,
Y comulga con todos.
No eres más que una sílaba
De ese secreto nombre
Del que formamos parte
Y al que pertenecemos,
Que siempre se mantiene indescifrado

En las regiones del misterio.
Somos parte de un nombre
Y con eso nos basta

RETIRADA

*Nueua Arte, donde se destierran las ignorancias que hasta oy
ha avido en enseñar a escriuir* (1615),
de Pedro Díaz Morante.

(hebras de sílabas)

SOLO ESCRIBIR de aquello que se ama
—Como Renan pidiera.
Solo escribir de aquello
Que nos importa de verdad.
Porque solo lo amado
Da noticia cabal de lo que somos
Y configura el mundo.
Y hacerlo con las hebras de las sílabas
Hasta trazar ese dibujo,
Huella de nuestro paso por la tierra.

Y dejar esa huella del latir,
Del respirar, del caminar, del ser,
De la fraternidad
Y del tender la mano

En busca de los otros,
De la aventura de existir
Plasmada en la palabra que es memoria,
Canto, celebración y melodía
Con que podemos expresar
Todo aquello que amamos

Esta primera edición en
LOS VERSOS DE CORDELIA
de *HEBRAS DE SÍLABAS*
se acabó de imprimir
el 15 de noviembre de 2025

LOS VERSOS DE CORDELIA
ÚLTIMOS TÍTULOS PUBLICADOS

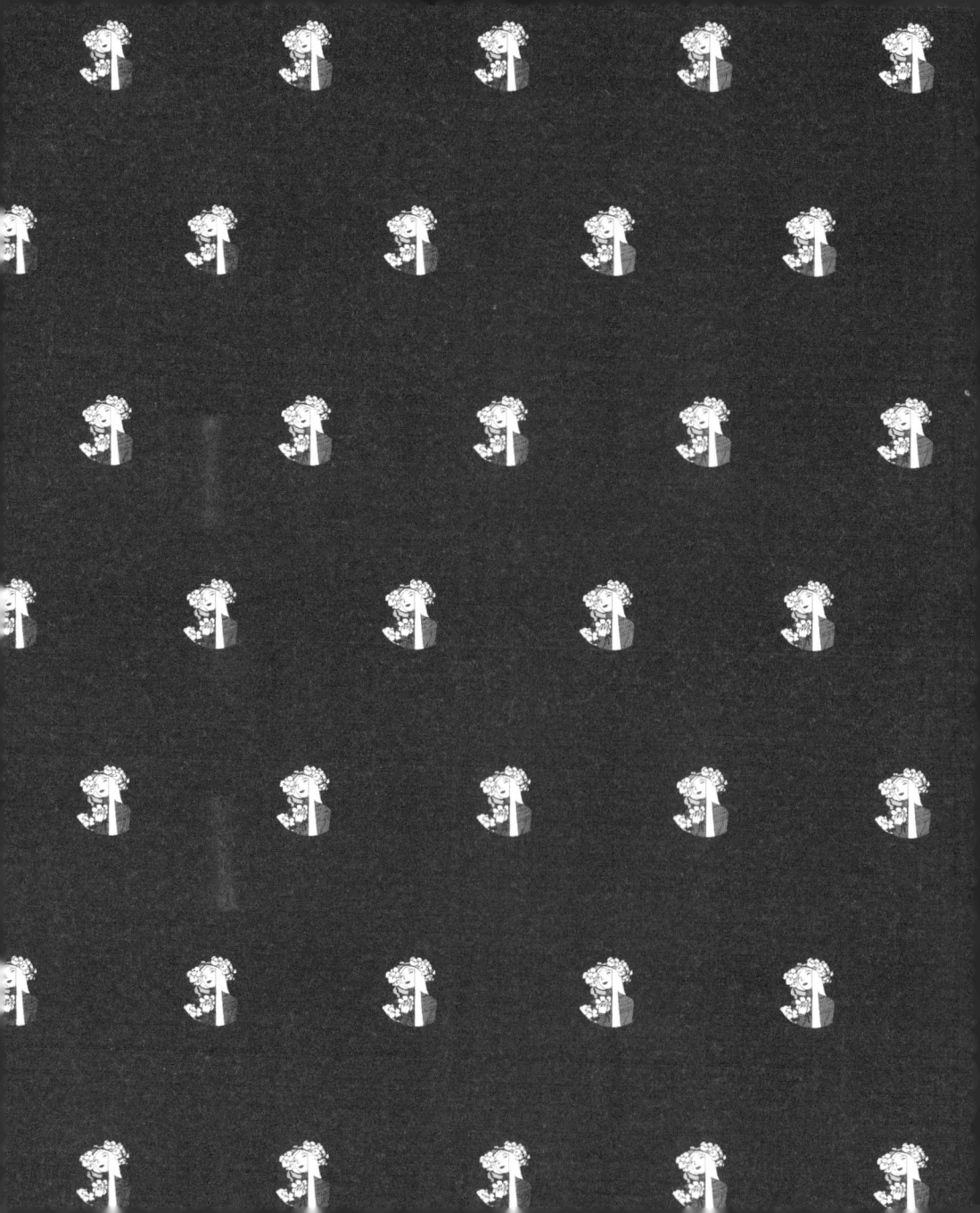